Der Armutsbegriff bei Franziskus von Assisi

Florian Stern

Bibliografische Information der Deutschen Nationalbibliothek:

Die Deutsche Nationalbibliothek verzeichnet diese Publikation in der Deutschen Nationalbibliografie; detaillierte bibliografische Daten sind im Internet über http://dnb.d-nb.de abrufbar.

ISBN: 9783346904171
Dieses Buch ist auch als E-Book erhältlich.

© GRIN Publishing GmbH
Trappentreustraße 1
80339 München

Druck und Bindung: Books on Demand GmbH, Norderstedt Germany
Gedruckt auf säurefreiem Papier aus verantwortungsvollen Quellen

Das vorliegende Werk wurde sorgfältig erarbeitet. Dennoch übernehmen Autoren und Verlag für die Richtigkeit von Angaben, Hinweisen, Links und Ratschlägen sowie eventuelle Druckfehler keine Haftung.

Das Buch bei GRIN: https://www.grin.com/document/1371490

[Der Anhang ist aus urheberrechtlichen Gründen nicht im Lieferumfang enthalten.]

1 Einleitung

„Selig ihr Armen, denn euch gehört das Reich Gottes." (Lk 6,20) Im Evangelium spricht Jesus oft vom Segen der Armut. Dieser Ruf ist innerhalb der Kirche im Laufe ihrer Geschichte immer wieder ertönt und oft erhört worden. Auch heute ist er, spätestens seit der Wahl des Namens Franziskus durch unseren neuen Papst am 13.03.2013. Zudem sorgt dieser auch in Katechesen und Predigten immer wieder für eine Neubetrachtung des evangelischen Rats der Armut. Die Wahl seines Names zeigt die Bedeutung und die Aktualität der Lebensform des hl. Franziskus für unsere heutige Zeit.

Der hl. Franziskus hat sich vom Evangelium, besonders von Markus 10,21, leiten lassen. Er hat den Ruf der Armut aufgegriffen und ihn wie kaum ein Anderer gelebt. Als sich ihm Menschen anschlossen, versuchte er, auch ihnen diesen Weg zu weisen. Aufgrund seiner Aktualität beschäftigt sich diese Arbeit mit der Frage: „Welcher Armutsbegriff wird im Testament des hl. Franziskus deutlich, und in welcher Form wird dieser rezipiert?"

Sein Testament, das vermutlich im Jahr 1226 entstanden ist, zeigt, wie Franziskus für sich persönlich den Begriff der Armut definiert hat und in welcher Form er diesen seinem Orden letztlich mitgegeben hat. Deshalb wird dieses als Primärquelle genutzt werden.

Um das Testament des hl. Franziskus richtig einordnen zu können, ist es unerlässlich zuvor die Zeitverhältnisse zu berücksichtigen. Hiernach ist es nötig kurz die Person des hl. Franziskus zu betrachten, bevor eine genauere Analyse des Testamentes folgen wird.

2 Zeitgeschichte des 12. und 13. Jahrhunderts

Im Laufe des 12. Jahrhunderts entstand eine neue Wirtschaftsepoche.[1] „Bevölkerungszunahme und Urbanisierung führten zu einem schnellen wirtschaftlichen Aufschwung, der seinerseits wieder das Bevölkerungswachstum begünstigte."[2] Dies führte jedoch zu einer Zunahme der Armut vieler Menschen. In den 90er Jahren des 12. Jahrhunderts breitete sich die Armut, durch einen kalten Winter und den damit verbundenen Weizenpreis Anstieg, in ganz Westeuropa aus. Hierdurch gab es erneut einen Trend der Urbanisierung. Die steigende Armut brachte aber auch ein zunehmendes Nachdenken über freiwillige Armut mit sich.[3] Diese entsprang dem biblische Ideal, das von den Kirchenvätern oft rezitiert worden war, dass der wahre Arme Gott näher sei.[4] Sie wurde bereits im 12. Jahrhundert von einer „breiten laikalen Armutsbewegung aufgegriffen"[5]. Diese war mit einem neuen Verständnis der Armut, als persönliche Ungesichertheit in der Nachfolge Christi und der Apostel, untrennbar verknüpft.

„Noch zu Beginn des 12. Jahrhunderts waren Mönchtum und Benediktinertum in der lateinischen Kirche bis auf einige Randgebiete identisch."[6] Dies änderte sich erst im Laufe des 12. Jahrhunderts. Diese Veränderung begann mit der Entstehung der Eremiten, besonders der Kartäuser und später mit dem Aufkommen der Bettelorden.[7] All diese Orden und Bewegungen waren auf der Suche nach der rechten Nachfolge Christi.

In der ersten Hälfte des 12. Jahrhunderts breiteten sich zwei große Reformorden aus: Die Zisterzienser und die Prämonstratenser. Beide verstanden sich als „Arme Christi"[8]. Norbert von Xanten, der Begründer der Prämonstratenser, sah sein Lebensideal in einem Wanderleben „als Nackter in der Nachfolge des Gekreuzigten"[9]. Allerdings wurden die beiden neu entstandenen Orden in der Folge sehr reich, so dass der Elan ihrer Armutsbewegung gebrochen wird.

Trotzdem deutete ihre Popularität auf die Sehnsucht des 12. und 13. Jahrhunderts zu einer Reform der Kirche und der Orden, vor allem im Bezug auf deren Reichtum und ihre darunter

---

[1]Vgl. FLOOD, *David*: Art. Armut VI. IV. Geldwirtschaft und Armut. In TRE. Bd. 4 (1979), S. 90.
[2]Ebd.
[3]Vgl. SEGEL, *Peter*: Art. Armutsbewegung. In: LthK[3]. Bd. 1 (1993), S.1012.
[4]Vgl. FLOOD, *David*: Art. Armut VI. I. Unfreiwillige und freiwillige Armut. In TRE. Bd. 4 (1979), S.88.
[5]KÖPF, *Ulrich*: Art. Armut. IV. Kirchengeschichtlich. In RGG[4]. Bd 1 (1998), S. 782.
[6]BISCHOF, *Franz Xaver: Art. Abendländisches Mönchtum und Ordensleben in Mittelalter und Neuzeit. In:* in: BISCHOF, *Franz Xaver* u.a.: Einführung in die Geschichte des Christentums. Freiburg/Basel/Wien: Herder, 2012 [folgend: Bischof u.a.: Einführung], S. 360.
[7]Vgl. Ebd., S. 360.
[8]Vgl. FELD, *Helmut*: Franziskus von Assisi und seine Bewegung. Darmstadt: Wissenschaftliche Buchgesellschaft, 1994 [folgend:Feld: Franziskus], S. 83.
[9]Ebd., S. 83.

leidende Authentizität, hin. Diese war, neben der Wirtschaftslage und dem biblischen Ideal, einer der Gründe, weshalb die Bettelorden einen so großen Zulauf hatten.

Auch außerhalb der katholischen Kirche traten vermehrt Gruppierungen auf, die die Armut um Christi willen suchen. Zu ihnen gehören unter anderem die Katharer, die mit ihrer streng dualistischen Weltsicht und ihrem Ablehnen der Sakramente eine ernst zunehmende Bedrohung für die Kirche darstellten.[10] Deren Bekehrung war zunächst das Ziel der Dominikaner, der als der älteste anerkannte Bettelorden gilt.[11] Schon bald weiteten diese ihr Arbeitsfeld auf die Seelsorge in den Städten und die theologische Lehrtätigkeit an Universitäten aus.[12]

Anders verhielt sich Franziskus und sein Orden der Minderbrüder. Sie wollten die Nachfolge Christi in radikaler Armut leben und sahen ihr Ziel im Leben nach dem Evangelium, was sich unter anderem in der Wander– und Bußpredigt widerspiegelte.[13] Die Gemeinschaft umfasste von Beginn an Laien und Priester.[14]

---

[10]Vgl. BISCHOF u.a.: Einführung, S. 365.
[11]Vgl. Ebd., S. 364f.
[12]Vgl. Ebd., S. 365.
[13]Vgl. Ebd., S. 365.
[14]Vgl. FRANK, *Karl Suso*: Art. Franziskaner. I. Idee u. Grundstruktur. In: LThK³. Bd. 4 (1995), S. 31.

3 Das Leben des hl. Franziskus

Um diese Gemeinschaft und ihre Entstehung verstehen zu können, ist es nötig auf die Person des hl. Franziskus zu schauen.

Franziskus wurde 1181 oder 1182 als ältester von mindestens drei Söhnen eines Tuchhändlers in Assisi geboren. Die Tuchhändler hatten in der blühenden Industrie des 12. und 13. Jahrhunderts eine große Bedeutung und waren oft wohlhabender.[15] Er lernt neben lesen, schreiben und rechnen auch Elemente des Lateinischen und Französischen, da er später Fernhändler werden sollte. Da er die Beherrschung der Sprache nicht vollendete und wenig weitere Bildung genoss, nannte er sich später oft „idiota" (dt. ungebildet). Trotz seiner Ausbildung lebte er sehr ausschweifend. Im Jahr 1202 geriet er, während eines Krieges seiner Heimatstadt, in Gefangenschaft.[16]

In der kommenden Zeit „kam es nach längerer Krankheit [...] zu einer Bekehrung, die im einzelnen schwer greifbar ist."[17] Als er 1205 im Heer auf dem Weg nach Apulien war, hatte er, nach eigenen Angaben, eine Vision und kehrte um.[18] In der Folge beschreibt er, dass er reiche Gnadenerweise erhielt. Von diesen ist das Gebet vor dem Kreuz von San Damiano, bei dem er eine Stimme vom Kruzifix hörte, die ihn beauftragte die Kirche wieder aufzubauen, der bekannteste ist. Nach einem Jahr der Klärung seiner Berufung und des Streits mit seinem Vater, der ihn zwischenzeitlich wegen vermeintlicher Geisteskrankheit einsperren ließ, verzichtete Franziskus öffentlich auf das väterliche Erbe, indem er sich auf dem Domplatz in Assisi entkleidet. In der Folge fand er einige Gefährten, die mit ihm das „vita apostolica" leben wollten. Mit diesen pilgerte er 1209 nach Rom zu Papst Innozenz III., der ihm, nach anfänglichem Bedenken, eine mündliche Bestätigung des Ordens und die Erlaubnis der Laienpredigt erteilt. Die Erlaubnis war kurz zuvor allen Laien, auf Grund umherziehender Häretiker, entzogen worden.[19] Der damals vorgelegte Regelentwurf ist nicht erhalten. Nachdem Franziskus 1220, unter anderem auf Grund seiner Augenkrankheit, die Leitung der, ständig wachsenden, Bruderschar niedergelegt hatte, erhielt diese, nach der Verwerfung einer revidierten Fassung von 1221, 1223 mit der regula bullata eine päpstlich approbierte Regel, bei der Franziskus vermutlich nicht mithalf und „die den Übergang in einen sesshaften, zentralistisch organisierten Orden einleitete."[20] In den letzten Jahren seines Lebens nahm Franziskus keinen großen Anteil am Orden und widmet sich

---

[15] Vgl. FLOOD, *David*: Art. Armut VI. V. Reaktionen auf die wirtschaftliche Entwicklung. In TRE. Bd. 4 (1979), S. 93.
[16] Vgl. GRABNER-HAIDER, *Anton*: Die großen Ordensgründer. Wiesbaden: Marix, ²2012, S. 113.
[17] LÖHR, *Winrich A.*: Art. Francesco d'Assisi. In:GRESCHAT, *Martin* (Hg.): Personenlexikon Religion und Theologie. Göttingen: Vandenhoeck und Reprecht, 1998, S. 137.
[18] Vgl. Lang, Justin: Art. Franziskus von Assisi. I. Leben. In: LThK³. Bd. 4 (1995), S. 44.
[19] Vgl. BISCHOF u.a.: Einführung, S. 364f.
[20] Ebd., S. 366.

dem kontemplativen Gebet.[21] Am 3.10.1226 starb er bei Assisi.

4 Das Testament des hl. Franziskus

Kurz vor seinem Tod diktierte der heilige Franziskus einem Mitbruder sein Testament. Da eine authentische Quelle fehlt, ist in den letzten Jahren immer wieder die Authentizität des Testaments bestritten worden.[22] Da es jedoch bereits von der Bulle „Quo eloganti" im Jahre 1230, also etwa vier Jahre nach dem Tod des heiligen Franziskus, durch Gregor IX. erwähnt und als authentisch betrachtet wird, „kann man heute mit Sicherheit behaupten, daß dieses Dokument dem Inhalt und Wortlaut nach das echte Testament des heiligen Franziskus ist"[23]. Das vorliegende Testament ist vermutlich mindestens das zweite Testament, ob das erste lediglich ergänzt wurde, oder ein neues verfasst wurde, kann jedoch nicht endgültig geklärt werden, da nur ein sehr kleines Fragment eines vorherigen vorhanden ist.[24] Das vorliegende Testament ist in zahlreichen Handschriften überliefert, die viele, zum Teil recht bedeutende, Unterschiede haben.[25]

Nach den Worten des heiligen Franziskus ist sein Testament eine Art Kommentar und Lesehilfe zur Ordensregel. Es ist allerdings keine flammende Rede gegen die geltende regula bullata, wie oft behauptet wurde.[26] Franziskus diktierte das Testament vermutlich in italienisch, bei der Niederschrift wurde es dann in das Lateinische übersetzt. Hier wird sehr schnell deutlich, dass es keine lang geplante Programmschrift ist, sondern nach der Art des Heiligen eine Aneinanderreihung von Gedanken, die nicht immer einen sinnvollen roten Faden besitzen.[27]

4.1 Genauere Betrachtung des Testaments[28]

Im ersten Teil seines Testaments beschreibt Franziskus in Kürze seine Berufungsgeschichte. Er will „ein Vorbild [sein /s.c. F.G.] für seine Brüder; so hält er sich selbst ihnen als Lebensmodell vor."[29] Er beginnt mit seiner Begegnung mit Aussätzigen und

[1]Vgl. GOEZ, Werner: Art. Franciscus von Assisi. I. Lebensabriß. In: TRE. Bd 11 (1983), S. 301.
[2]Vgl. HARDICK, Lothar; GRAU, Engelbert: Die Schriften des heiligen Franziskus von Assisi. Kevelaer: Butzon & Bercker, 2001, S. 216.
[3]Ebd. S. 216.
[4]Vgl. EẞER, P. Dr. Kajetan: Das Testament des heiligen Franziskus von Assisi. Eine Untersuchung über seine Echtheit und seine Bedeutung. Münster: Aschendorf, 1949 [folgend: Eßer: Das Testament. Eine Untersuchung], S. 10-13.
[5]Vgl. Ebd. S. 10f.
[6]Vgl. hl. Franziskus: Testament.
[7]Vgl. EẞER: Das Testament. Eine Untersuchung, S. 199.
[8]Zum folgenden vgl. Franziskus von Assisi: Testament. In: HARDICK, Lothar; GRAU, Engelbert: Die Schriften des heiligen Franziskus von Assisi. Kevelaer: Butzon & Bercker, 2001, S.217-220.
FREEMAN, Gerard Pieter; SEVENHOFEN OFM, Hans: Der Nachlaß eines Armen. Kommentar zum Testament des heiligen Franziskus von Assisi. Werl: Dietrich-Coelde, 1988, S. 26.

seinem guten Gefühl, nachdem er diesen Barmherzigkeit erwiesen hatte. Danach führt er mit dem ihm von Gott geschenkten Glauben an Christus, an die Kirche und an die Priester fort und über die Anerkennung, die er diesen, auch den sündigen, geben will.

Hier wird bereits deutlich, dass sich Franziskus von den häretischen Gruppierungen der Armutsbewegung des 13. Jahrhunderts, die den sündigen Priester und dessen Sakramente verwarfen,[30] abgrenzen will und es ihm sehr wichtig war, dass er und seine Bewegung innerhalb der Kirche stehen.

Er stellt sich in diesem Teil, was sehr ungewöhnlich ist, unter den Willen der Pfarrer, gegen den er nicht predigen will, auch wenn ihm der Bischof dafür das Recht geben würde, und wäre dieser Pfarrer noch so „armselig".[31] Franziskus „will nicht, daß seine Bruderschaft dem Diözesanklerus Konkurrenz macht." [32]

Zusätzlich wird eine große Kreuzesmystik deutlich, die sich auch in seinen Stigmata zeigte, vom Orden jedoch nicht rezipiert wurde. Er fährt fort mit der heiligen Eucharistie, dem Namen und Wort Gottes und deren Hochachtung. Auch mit seiner stark betonten Eucharistiefrömmigkeit stellt er sich gegen die häretischen Gruppierungen der Armutsbewegung.[33]

Anschließend fährt Franziskus, nachdem er bei der Hochachtung für die Priester das Präsens verwendet hatte, um deren Aktualität für seinen Orden zu betonen, mit der Geschichte seines Ordens fort. Er beschreibt nun, dass er nicht wusste, was zu tun sei, und „der Höchste selbst"[34] ihm offenbarte, dass er nach der Vorschrift des Evangeliums leben solle. Wichtig ist hier zu ergänzen, dass Offenbarung bei Franziskus nicht nur als leibliche Offenbarung verstanden wird. Auch die Lektüre der hl. Schrift kann zum Beispiel zu einer Offenbarung führen, wenn ein Wort auf die momentane Situation passt.[35]

Der kommende Abschnitt ist für die Ausgangsfrage von großer Bedeutung. „Und alle die kamen, dies Leben anzunehmen, gaben ‚alles was sie haben mochten' (Tobit 1,3), den Armen. Und sie waren zufrieden mit einem Habit"[36].

Auffällig ist, dass er hier, bei der Beschreibung seiner ersten Anhänger, mit keinem Wort Kritik an der Entwicklung seiner Bewegung äußert.

Mit dem folgenden Satz „und mehr wollten wir nicht haben", macht Franziskus deutlich, dass die Brüdergemeinschaft trotz, beziehungsweise wegen dieser Armut zufrieden war.

---

[30]Vgl. EßER: Das Testament. Eine Untersuchung, S. 149.
[31]Vgl. Franziskus von Assisi:Testament.
[32]FREEMAN, *Gerard Pieter*, SEVENGOFEN OFM, *Hans*: Der Nachlaß eines Armen. Kommentar zum Testament des heiligen Franziskus von Assisi. Werl: Dietrich-Coelde, 1988, S. 53.
[33]Vgl. EßER: Das Testament. Eine Untersuchung, S. 154.
[34]Franziskus von Assisi: Testament.
[35]Vgl. EßER: Das Testament. Eine Untersuchung, S.163.
[36]hl. Franziskus: Testament.

Im Folgenden geht Franziskus auf die Gebetszeiten, die Handarbeit und einige innere Statuten des Ordens ein. Nun folgt ein für die Entwicklung des Ordens, wichtiger Satz. „Hüten sollen sich die Brüder, daß sie Kirchen, ärmliche Wohnungen und alles, was für sie gebaut wird, keinesfalls annehmen, wenn sie nicht, wie es der hl. Armut gemäß ist. Sie sollen dort immer herbergen wie Pilger und Fremdlinge."[37] Franziskus scheint hier die Sesshaftigkeit des Ordens als gegeben anzunehmen. Er kritisiert diese auch nicht, sondern legt lediglich dar, in welcher Art von Häusern und Kirchen die Brüder leben dürfen. Zu beachten ist hier zudem, dass er nicht von einer eigenen Bautätigkeit der Brüder ausgeht, sondern, dass die Einrichtungen für die Brüder geschaffen wurden. Im letzten Satz zeigt er auf, dass trotz der Sesshaftigkeit des Ordens für Franziskus weiterhin wichtig bleibt, dass die Brüder sich nicht an einem Ort heimisch einrichten, sondern das Ideal der Wanderpredigt erhalten bleibt. Zusätzlich ist dies vermutlich ein Rat, sich von Häusern und Orten nicht abhängig zumachen. Bedeutend ist, dass Franziskus hier die Regel, die dem Orden keinerlei Besitz zu spricht, scheinbar ausweitet.

Im folgenden spricht er ein Privilegienverbot aus. Er geht zudem auf den Gehorsam ein. Im Abschluss des Testaments macht Franziskus noch einmal deutlich, dass er sein Testament nicht als zweite Regel sieht, es soll aber neben der Regel einen bedeutenden Rang im Leben der Brüder haben.[38]

4.2 Ideale des hl. Franziskus

„Das Ideal des Franziskus ist nichts anderes als die am Evangelium [...] orientierte Lebensform, die er für sich selbst und seine Anhänger gewählt hat."[39] Dessen Forderungen seien eindeutig und klar verständlich[40]. Deshalb benötigen sie nach Franziskus keine Erläuterung. Klassischerweise werden unter einer am Evangelium orientierten Lebensform die drei evangelischen Räte (Armut, Gehorsam/Demut, Keuschheit) verstanden. Alle drei lebte Franziskus in besonderer Weise. Sein Gehorsam wird zum Beispiel deutlich, wenn er davon spricht, auch gegen den Willen des schlechtesten Pfarrers nicht predigen zu wollen. Auch seine Demut wird in seinen Schriften deutlich, wenn er sich etwa idiota nennt. Besonders sticht in dieser Lebensform aber die absolute Armut hervor. Vielleicht liegt dies auch daran, dass dieser Rat, wenn er in Fülle gelebt wird, der offenkundigste ist. Lediglich ein Habit ist den ersten Brüdern erlaubt und auch dieser soll nur als Leihgabe

---

[37]Franziskus von Assisi:Testament.
[38]Vgl. Franziskus von Assisi:Testament.
[39]FELD: Franziskus, S. 189.
[40]Vgl. Ebd., S. 189.

verstanden werden. Franziskus lässt sich hier vor allem von der Aussendungsrede Jesu inspirieren. Jeder Pönitent soll seinen gesamten Besitz an die Armen schenken.

Franziskus versteht Armut als einen „durch vollkommene innere Hingabe an Gott getragenen Besitzverzicht".[41] Das besondere der franziskanischen Bewegung ist, dass Franziskus, anders als bei den damals großen Orden (vgl. oben), auch dem Orden kein Eigentum zugesteht. Dies war der eigentliche Stein des Anstoßes.[42] Interessant ist, dass Franziskus seinem Orden in seinem Testament jedoch mehr zugesteht, als er sich selber in seinem Leben zu gestand und mehr als die bullierte Regel der Brüdergemeinschaft zugesteht.

Zusätzlich zu den drei evangelischen Räten ist für Franziskus die Verkündigung der frohen Botschaft sehr wichtig, er sieht sich, im Gegensatz zu vielen Orden seiner Zeit, zu den Armen und Geringen gesandt.[43] Hierzu verzichtete er auf die „stabilitas loci", die vor allem für die benediktinischen Orden charakteristisch war.[44]

Zusätzlich zu seinem Ideal der Armut strebte Franziskus nach einer Bekehrung der Kirche[45], was in seiner Tätigkeit als Bußprediger deutlich zu erkennen ist. Innerhalb der Kurie versuchte er diese, nicht wie viele Reformbewegungen seiner Zeit durch aggressive Propaganda,[46] sondern durch sein Beispiel zu bewirken.

4.3 Einordnung in die Armutsbewegung

Die Bettelorden des 13. Jahrhunderts waren nicht nur die mittelalterliche Geselschaft, sondern auch für die Gesamtkirche eine große Bereicherung, denn sie gaben der primär häretischen Armutsbewegung des 12. Jahrhunderts eine neue Orientierung.[47] Zuvor waren fast alle Gruppierungen die Sehnsucht der Menschen geweck waren aber zugleich mit der Kirche in Konflikt geraten und hatten so die Kritik an der Kirche verstärkt.[48]

Obwohl eine große Ähnlichkeit zwischen den Bewegungen, speziell ihrer Lebensformen, existierte, war für Franziskus stets klar, dass die Kirche ihn zu Christus führt und er ihr deshalb in allem und zu jeder Zeit dienen wolle, damit stand er in einem starken Gegensatz zur damaligen Armutsbewegung, besonders den Waldensern. Er hatte ein stark

---

[41]KÖPF, Ulrich: Art. Armut. IV. Kirchengeschichtlich. In RGG⁴. Bd 1 (1998), S. 782.
[42]Vgl. FELD: Franziskus, S. 190f.
[43]Vgl. GRABNER-HAIDER, Anton: Die großen Ordensgründer. Wiesbaden: Marix, ²2012, S. 119
[44]Vgl. GUTSCHERA, Herbert; MAIER, Joachim; THIERFELDER, Jörg: Geschichte der Kirchen. Freiburg/Basel/Wien: Herder, ²2006, S.52.
[45]Vgl. Ebd., S. 194.
[46]Vgl. Ebd., S: 194.
[47]Vgl. BUTTINGER, Sabine: Mit Kreuz und Kutte. Die Geschichte der christlichen Orden. Stuttgart: Konrad Theis, 2007 [folgend: BUTTINGER: Kreuz und Kutte], S.63.
[48]Vgl. Ebd., S.63

sakramentales Kirchenverständnis und setzt deshalb ein großes Vertrauen in die Kirche und verlangte dieses auch von seinen Mitbrüdern.[49] Dienst an der Kirche muss hier im Sinne einer „inneren Verehrung und herzlichen Anhänglichkeit"[50] verstanden werden. Auch Papst Innozenz III. wird die Notwendigkeit einer innerkirchlichen Armutsbewegung gesehen haben. Einer Legende zufolge soll er, nachdem Franziskus ihm um die Genehmigung der Laienpredigt gebeten hatte, eine Vision von Franziskus gehabt haben, wie dieser die einbrechende Kirche stützt und restauriert. Dieses Bild sollte sich in der Folge bewahrheiten: Viele Menschen, besonders vorher mit häretischen Gruppierungen sympathisierende, fanden auf der Suche nach religiöser Orientierung Heimat bei den Minderbrüdern.[51]

Im Vergleich mit den Ordensbewegungen des 13. Jahrhunderts wird deutlich, dass die Franziskaner der strengste Bettelorden war, der nicht seinen Elan in der nächsten Zeit verlor. Franziskus wollte keinen Orden gründen, der den Damaligen ähnlich war. Dies wird in vielen seiner Schriften und in seinem Disput mit dem Papst deutlich. Er wollte allerdings die Kirche, als Wanderprediger und durch eine Brüdergemeinschaft, zu einem evangeliumsnäherem Leben und Wirken führen.

4.4 Rezeption des Testaments

Das Testament und die Person des hl. Franziskus haben, bedingt durch seine authentische Art, auch nach seinem Tod eine große Wirkung behalten.

4.4.1 Rezeption im Orden

Die Geschichte des Franziskanerordens ist geprägt von der Auseinandersetzung um die korrekte Auffassung der Armut und des Testaments des hl. Franziskus.[52] Bereits kurz nach dessen Tod gab es große Streitigkeiten, die den Orden schließlich veranlassten eine Delegation zu Papst Gregor IX zu senden, mit der Bitte um einen Schiedsspruch in der Frage um die rechte Armut. Dieser hob mit seiner Bulle „Quo eloganti" 1930 die Verbindlichkeit des Testaments des hl. Franziskus auf, das allerdings zu keinem Zeitpunkt juristische Geltung hatte, da es nach dem Rückzug des Franziskus aus der Ordensleitung entstanden war. Der Papst verfügte zudem, dass der Orden mittelbaren Besitz haben dürfe, was bedeute, dass das Besitzrecht beim Spender bliebe, dem Orden aber der Gebrauch

---

[49]Vgl. Eßer: Das Testament. Eine Untersuchung, S. 150.
[50]Vgl. Eßer: Das Testament. Eine Untersuchung, S. 155.
[51]Vgl. Buttinger: Kreuz und Kutte, S.63.
[52]Vgl. Frank, Karl Suso: Art. Franziskaner. In: LThK³. Band 4 (1995), S. 31.

gestattet würde.[53] „Das Armutsideal des Gründers ließ sich mit dieser Regelung jedoch nicht mehr vollständig in die Tat umsetzen."[54] Dieses stand scheinbar im Widerspruch zur rasanten Entwicklung des Ordens (um 1300 bereits etwa 30.000 Brüder),[55] da es „insbesondere [...], nachdem die Bewegung auf mehrere tausend Mitglieder angewachsen war, nicht mehr verantwortbar [schien/F.G.], ganz ohne materielle Absicherung zu leben."[56] Eine wirkliche Lösung des Konflikts brachte die Bulle allerdings nicht. Vielmehr sind die nächsten hundert Jahre gekennzeichnet von schweren Auseinandersetzungen. Immer wieder gab es Gruppierungen, die sich zur Befolgung des Testaments verpflichtet sahen.[57]

Bereits unmittelbar nach der Bulle entstanden zwei Gruppen innerhalb des Ordens: Die Brüder, die die Regelung des Papstes präferierten und die, die unter Berufung auf das Testament jede päpstliche Regelung ablehnte. Aus der letzten Gruppe entstanden unter anderem die Spiritualen, die später wegen häretischer Lehren exkommuniziert wurden[58] und an denen sich letztlich der Armutsstreit des 13. und 14. Jahrhunderts entzünden sollte.[59] Die Streitigkeiten führten zudem zu den beiden Ordensteilungen im 16. Jahrhundert, wegen denen es heute drei franziskanische Orden gibt. Auch heute ist es in den Orden immer wieder eine Frage, wie mit dem Armutsbegriff des hl. Franziskus umzugehen sei. Seid dem 13. Jahrhundert gibt es im Orden zudem eine starke Neigung zur Verinnerlichung der Armut, was besonders in der franziskanischen Mystik Anklang findet.[60]

4.4.2 Rezeption in der Gesellschaft

Auch über den Orden hinaus wurde der franziskanische Gedanke, den das Testament beschreibt, vielfach in der Gesellschaft aufgegriffen. Es entstanden, neben den Klarissen, als weiblichem Orden und den Tertiaren, als dritten Franziskanerorden für Laien, eine breite Laienbewegung, die mehr oder weniger intensiv die Ideale des hl. Franziskus leben wollten. Hierzu gehörten auch angehörige der höheren Stände, wie zum Beispiel die Landgräfin Elisabeth von Thüringen. Die große Verehrung für den hl. Franziskus und später auch für die hl. Elisabeth, zeigten, dass freiwillige Armut und Nächstenliebe allmählich auch in den

---

[53]Vgl. Ebd., S. 32.
[54]BISCHOF u.a.: Einführung, S. 366.
[55]OHST, Martin: Art. Die Kirche im 13. Jhd. II. Die Bettelorden. In: MOELLER, Bernd (Hg.); KOTTJE, Raymund (Hg.): Ökumenische Kirchengeschichte. Band 2. Darmstadt: Wissenschaftliche Buchgesellschaft, 2006, S. 75.
[56]FELD: Franziskus, S. 191.
[57]Vgl. EßER: Das Testament. Eine Untersuchung, S. 203f.
[58]Vgl. BERG, Dieter. Art. Spiritualen. In: LthK³.Bd. 9 (2000). S. 851f.
[59]Vgl. BUTTINGER: Kreuz und Kutte, S. 81f.
[60]Vgl. KÖPF, Ulrich: Art. Armut. IV. Kirchengeschichtlich. In RGG⁴. Bd 1 (1998),S. 783.

höheren Ständen toleriert wurden.[61]

5 Fazit

Im Testament des hl. Franziskus wird deutlich, dass er für sich und seine ersten Brüder einen absoluten Armutsbegriff verwendet, der ihnen lediglich einen Habit zugesteht, welcher aber auch nicht als Besitz verstanden werden soll, obwohl er es praktisch ist. Diese Armut kann nach Franziskus nur durch eine vollkommene innere Hingabe an Gott praktiziert werden. Sie ist zudem eine Möglichkeit stets für Gott offen zu bleiben.

Franziskus sieht in der praktizierten Armut ein Mittel in der Nachfolge Jesu und der Apostel zu stehen. Er sieht sein gesamtes Leben als Imitatio Christi. Dies wird auch in seinen Stigmata zu Ende seines Lebens deutlich.

In seinem Testament wird aber auch deutlich, dass er nicht die bullierte Regel außer Kraft setzen will. Er gesteht seinen Brüdern, in Kenntnis des sesshaft werdenden Ordens, sogar ärmliche Häuser und Kapellen zu. Warnt aber zugleich davor an diesen Besitz das Herz zu verlieren (vgl. Ps 62,11). Die Frage, in welcher Form der evangelische Rat der Armut heute gelebt werden sollte, muss später erörtert werden.

Vgl. BUTTINGER: Kreuz und Kutte, S.65.

6 Anhang

Das Testament62

[Der Anhang ist aus urheberrechtlichen Gründen nicht im Lieferumfang enthalten.]

---

[62]Zitiert nach: HARDICK, *Lothar*; GRAU, *Engelbert*: Die Schriften des heiligen Franziskus von Assisi. Kevelaer. Butzon & Bercker, 2001, S.217-220.

7 Literaturverzeichnis

Primärliteratur:

HARDICK, *Lothar*; GRAU, *Engelbert*: Die Schriften des heiligen Franziskus von Assisi. Kevelaer: Butzon & Bercker, 2001.

EßER, *Kajetan*: Das Testament des heiligen Franziskus von Assisi. Eine Untersuchung über seine Echtheit und seine Bedeutung. Münster: Aschendorf, 1949.

Sekundärliteratur:

BERG, *Dieter*: Art. Spiritualen. In: LthK³.Bd. 9 (2000).

Betz, Hans Dieter (Hg.) u.a.: Religion in Geschichte und Gegenwart. Handwörterbuch für Theologie und Religionswissenschaft. Tübingen: Mohr Siebeck, ab ⁴1998.

BISCHOF, *Franz Xaver*: Art. Abendländisches Mönchtum und Ordensleben in Mittelalter und Neuzeit. In: BISCHOF, *Franz Xaver* u.a.: Einführung in die Geschichte des Christentums. Freiburg/Basel/Wien: Herder, 2012.

BUTTINGER, *Sabine*: Mit Kreuz und Kutte. Die Geschichte der christlichen Orden. Stuttgart: Konrad Theis, 2007.

Die Bibel. Einheitsübersetzung. Stuttgart: katholisches Bibelwerk, 1981.

FELD, *Helmut*: Franziskus von Assisi und seine Bewegung. Darmstadt: Wissenschaftliche Buchgesellschaft, 1994

FLOOD, *David*: Art. Armut VI. In TRE. Bd. 4 (1979).

FRANK, *Karl Suso*: Art. Franziskaner. I. Idee u. Grundstruktur. In: LThK³. Bd. 4 (1993).

FREEMAN, *Gerard Pieter*; SEVENHOFEN, Hans: Der Nachlaß eines Armen. Kommentar zum Testament des heiligen Franziskus von Assisi. Werl: Dietrich-Coelde, 1988

GOEZ, *Werner*: Art. Franciscus von Assisi. I. Lebensabriß. In: TRE. Bd 11 (1983).

GRABNER-HAIDER, *Anton*: Die großen Ordensgründer. Wiesbaden: Marix, ²2012

LÖHR, *Winrich A.*: Art. Francesco d'Assisi. In: GRESCHAT, *Martin* (Hg.): Personenlexikon Religion und Theologie. Göttingen: Vandenhoeck und Reprecht, 1998.

GUTSCHERA, *Herbert*; MAIER, *Joachim*; THIERFELDER, *Jörg*: Geschichte der Kirchen. Freiburg/Basel/Wien: Herder, ²2006, S.52.

KÖPF, *Ulrich*: Art. Armut. IV. Kirchengeschichtlich. In RGG⁴. Bd 1 (1998).

LANG, *Justin*: Art. Franziskus von Assisi. I. Leben. In: LThK³. Bd. 4. (1995)

OHST, *Martin*: Art. Die Kirche im 13. Jhd. II. Die Bettelorden. In: MOELLER, *Bernd* (Hg.); KOTTJE, *Raymund* (Hg.): Ökumenische Kirchengeschichte. Band 2. Darmstadt: Wissenschaftliche Buchgesellschaft, 2006.

SEGEL, *Peter*: Art. Armutsbewegung. In: LthK^3. Bd. 1 (1993).

Milton Keynes UK
Ingram Content Group UK Ltd.
UKHW042211310723
426074UK00023B/476

9 783346 904171